우리가 버린 개, 고양이는 어디로 가는가?

유기동물에 관한 슬픈 보고서

개정 증보판

우리가 버린 개, 고양이는 어디로 가는가?

유기동물에 관한 슬픈 보고서

ㅇ 초판 저자 서문

보호소 동물들의 최후의 초상

어린 시절부터 항상 곁에 동물들이 있었고, 그들과 함께 사는 생활에는 따스함과 편안함이 있었다. 그들은 인간의 말을 하지 못하지만 내가 힘들어할 때 걱정스러운 얼굴로 다가와 주었다. 그런 그들에게 위로받고 격려받고 용기를 얻었다. 내게 반려동물은 마음을 나누는 가족, 그 자체다.

1997년 봄. 회사 근처 선로 옆에 하늘색 쓰레기 봉투가 버려져 있었다. 봉투에는 '죽은 개'라는 종이가 붙어 있었고 봉투를 열어 보니 빨간 목걸이를 한 하얀 개가 죽어 있었다. 하천 옆에 무덤을 만들어 그 개를 묻어 주면서 생각했다. 이 아이들을 위해 내가 할 수 있는 일이 무엇일까?

그해 여름 유기동물 보호소를 찾았다. 그곳에서 만난 동물들은 며칠 또는 몇 시간 뒤에 생명을 다하는 동물이었다. 어떤 아이는 여전히 인간을 믿는 의심 없는 눈동자로, 다른 아이는 자신의 운명을 알고 있는 듯 인간 따위 절대로 믿지 않는다는 눈동자로 그들은 그곳에 있었다.

그곳에 있으니 인간이 무책임하게 버려서 거리를 떠돌다가 포획된 동물들, 더 이상 못 키우겠다며 보호소로 직접 데려오는 동물들이 끊임없이 들어왔다. 포획된 동물들은 보호소에 온 지 3일째 되는 날 살처분되지만 주인에게 직접 끌려온 개나 고양이는 그날 바로 살처분되기도 했다. 처리 방법 또한 그나마 덜 고통스러운 약물 투여가 아니라 가스에 의한 질식사였다.

개 16만 4209마리, 고양이 27만 5628마리…. 이 숫자가 1997년 일본에서 1년간 살처분된 '생명'의 수였다.

작은 전시 공간에서 1998년 4월 첫 사진전을 열었다. 슬픈 사진을 일부러 보러 와줄 사람은 없겠지만 단 한 명에게라도 이 슬픈 현실을 알리고 싶었다. 그런데 생각보다 많은 사람들이 전시회를 찾아 주었고 점점 더 많은 곳에서 전시회를 열어 달라는 연락이 오기 시작했다. 전시회 방명록에는 사진전을 보고 함께 사는 반려동물에 대한 책임감이 더 커졌다는 사람, 동물들의 목숨을 구하기 위해 작은 일이라도 시작해야겠다는 사람의 목소리가 남겨져 있었다. 그렇게 조금씩 사진을 통해 전하고 싶은 메시지가 퍼져 나갔다.

살처분 버튼을 누를 때의 고통을 힘겨워하는 보호소 직원들과도 만나고, 죽음을 앞둔 동물들에게 새 가족을 만들어 주기 위해 뛰어다니는 자원 봉사자도 만났다. 그들 모두 무고하게 죽어 가는 생명을 살리고 싶어 했다. 죽음을 기다리는 동물들을 촬영할 때마다 무력감에 힘겨웠지만 책임감을 갖고 계속 일을 진행해 나갔다.

동물을 가족으로 여기는 반려인의 수가 꾸준히 느는 것처럼 함께 살던 반려동물을 장난감 취급하며 버리는 사람도 끊이지 않는다. 이런 상황을 바꾸려면 사람들의 생명에 대한 인식을 바꾸는 것밖에 방법이 없다.

마하트마 간디는 "국가의 위대함과 도덕적 수준은 그 나라에서 동물이 어떤 취급을 받는가에 따라 판단할 수 있다."고 했다. 약한 존재인 동물의 생명을 존중하는 것은 나아가 다른 모든 생명을 소중하게 느끼고 배려하는 것으로 이어진다.

나는 이 책을 통해 무엇보다 어린이들이 많은 것을 배우고 느꼈으면 좋겠다. 동물들도 우리와 똑같은 생명이고, 함께 산다면 책임감을 가져야 한다는 것을 동물들의 눈을 통해 배우기를 바란다.

이 책에 나오는 사진들은 유기동물 보호소에서 생명을 다한 동물의 최후의 초상이다. 나는 그들의 눈을 평생 잊지 못할 것이다. 이 사진을 통해 말하지 못하는 동물의 소리 없는 목소리가 독자들의 가슴에도 닿기를 바란다.

고마다 사에

° 차례

일러두기

* 유기동물 보호소에서의 안락사는 대부분 신체적·정신적으로 문제가 없는 동물의 생명을 빼앗는 것이므로 이 책에서는 안락사 대신 살처분이라는 단어를 사용한다. 살아남을 가망이 없는 경우에 고통을 줄이기 위해 도움을 주는 것이 진정한 의미의 안락사다.

o

이 책에 실린 사진 속 동물은

더 이상 이 세상에 없다

버려진 개와 고양이들이

마지막 시간을 보내는 유기동물 보호소.

어두운 철창 구석에
몸을 잔뜩 움츠리고 불안과 공포에 떨며
그들은 이곳에 있다.

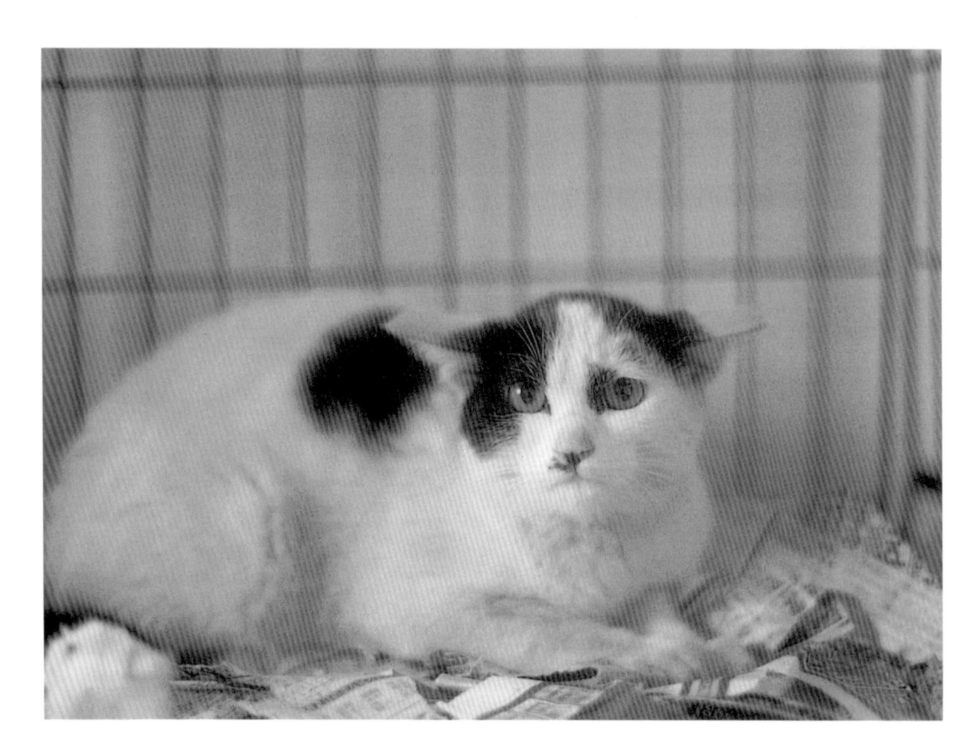

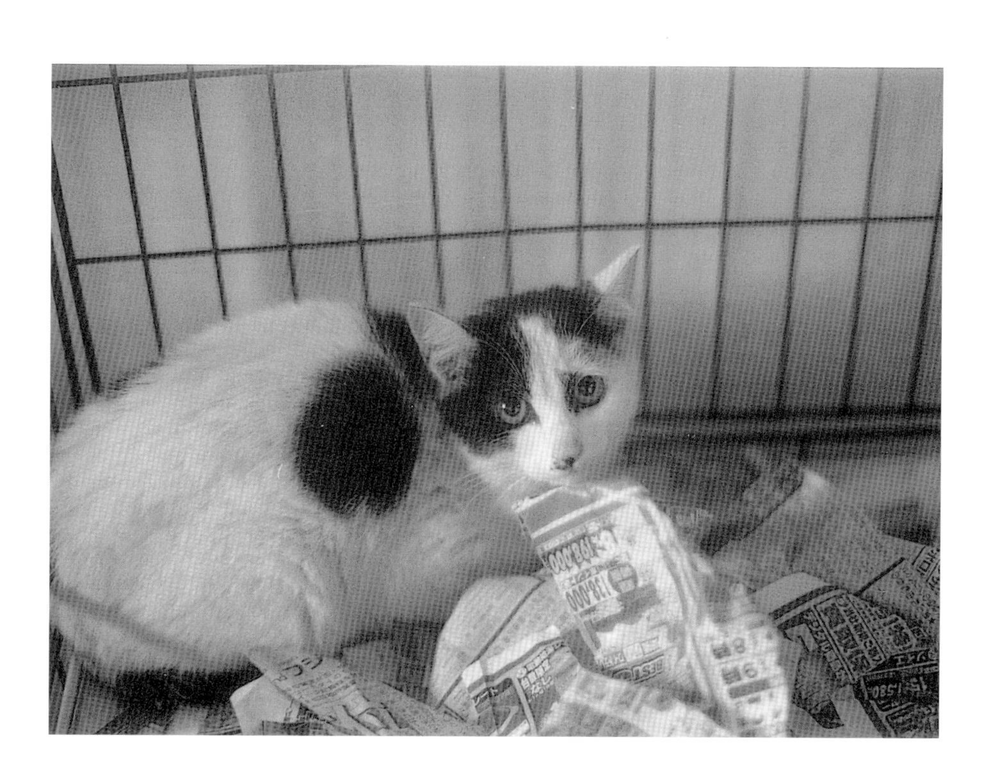

자기에게 닥칠 운명을

알고 있는 듯

이번 생은

포기한 듯

그런 눈빛으로

그들은 이곳에 있다.

이곳에 온 동물들은

대부분 목걸이를 하고 있다.

이들도 한때는

가족에게 사랑받던

반려동물이었다는 의미.

눈이 마주친 아이가 살짝 꼬리를 흔들고
고개를 갸웃거리며 다가온다.
선한 눈을 한 붙임성 있는 아이야.
너는 대체 무슨 이유로 버림받은 거니?

"여기가 어디예요?"

"당신은 누구세요?"

“사랑하는 가족이
저를 데리러 오기를
기다리고 있어요.
여기에 온 순간부터 계속.”

“저기 있잖아요.
우리 가족은
지금 어디 있어요?”

"이렇게 계속,

계속 기다리고 있는데…."

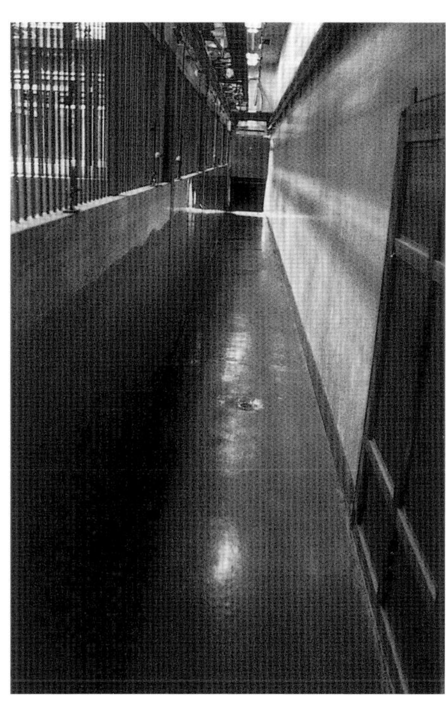

함께 온 세 살짜리 아들이
사진을 보고 말하네요.
"아빠, 이 멍멍이가 '외로워.'라고
말하고 있어."

-〈동물에게 바치는 레퀴엠〉 사진전 방명록에서

o

이런 사진,
차마 오래 보고 있을 수 없다.
죽을 듯이 슬픈 너의 검은 눈, 얼른 피해 버린다.
하지만
이제 어떻게 해야 하나 간절히 묻고 있는
너의 그 소리 없는 비명은
문지르고 문질러도 지워지지 않는다.

너는 잘못한 것이 없음을 내가 아는데….

- 양귀자 소설가

거리를 헤매다 보호소로 들어온 이 아이.

오늘 들어왔으니 이틀 내에

가족이 찾으러 오지 않으면

3일째 되는 날 살처분될 것이다.

열 살이 넘은 포메라니안 늙은 개.

이 아이를 보호소에 데리고 온 사람은

값비싸 보이는 옷차림을 한 중년 여성이었다.

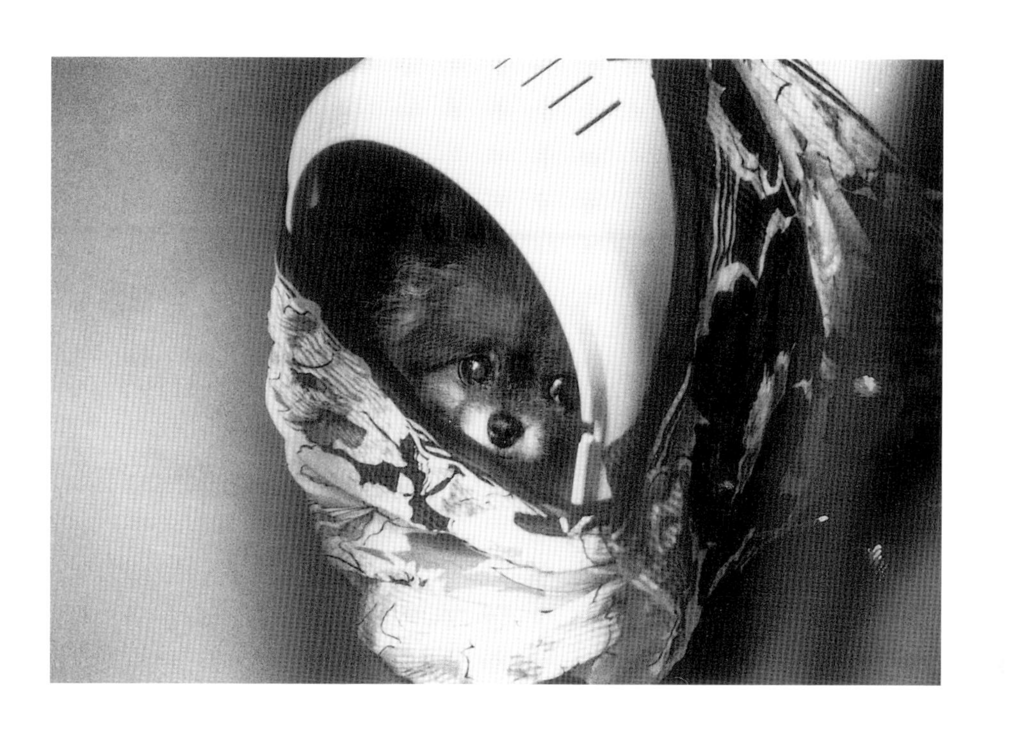

"늙은 개 마지막 뒤치다꺼리 하기 싫어서요."
매달리는 듯한 이 아이의 눈동자를 뿌리치고 여자는
이 말을 남긴 채 빠른 걸음으로 사라졌다.

나이를 먹어서 손이 많이 간다고
버려진 또 다른 늙은 개.
초기 치매 증상을 보이는 이 아이는
가끔 철장 안을 배회한다.
허옇고 뿌연 눈동자를 글썽거리면서.

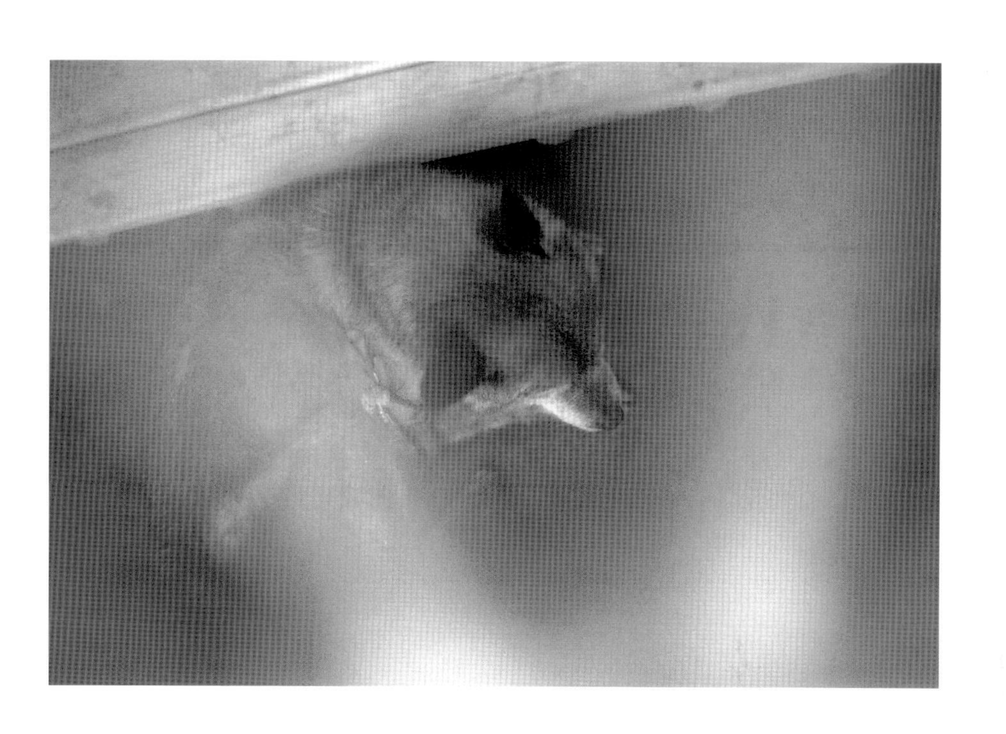

하염없이 먼 곳을 응시하던 아이는

이내 힘없이 고개를 떨군다.

"여기서 나가고 싶어."라고 계속 부르짖는
이 어린 개에게 내일은 없다.

임신했다는 이유로 버려진 어미 개는

태어나지도 못한 몸 안의

새 생명들과 함께 마지막 순간을 기다리고 있다.

개의 생명도

인간과 마찬가지로 소중합니다.

그것을 꼭 지켜주고 싶습니다.

- 초등학생

"생각보다 너무 커져서 힘들어요.
감당이 안 되니 알아서 처분해 주세요."
한때 유행처럼 인기가 높았던
대형견 시베리안 허스키의 슬픈 결말이다.

웡웡…. 워우워──.

주인에게 전해질 리 없는 비통한 울음 소리가 보호소를 가득 채운다.

o

인간인 게 미안하구나. 죄 없는 아이들아…!

나무도, 새도, 개미도, 개도, 고양이도… 그 어떠한 생명체라도…

그들 본연의 수명만큼 행복하고 자유롭게 살다가 갔으면 좋겠습니다.

- 임순례 영화감독

사진을 보고 있으니
독일 나치 시대의
아우슈비츠가 생각납니다.
아무 잘못도 없이
죽어 간 유대인들과
동물들의 모습이 겹쳐지네요.

- 모리오카시, H 씨

'이사를 가기 때문에',
'병이 생겨서'와 같은
납득하기 힘든 이유로도
생명은 버려진다.

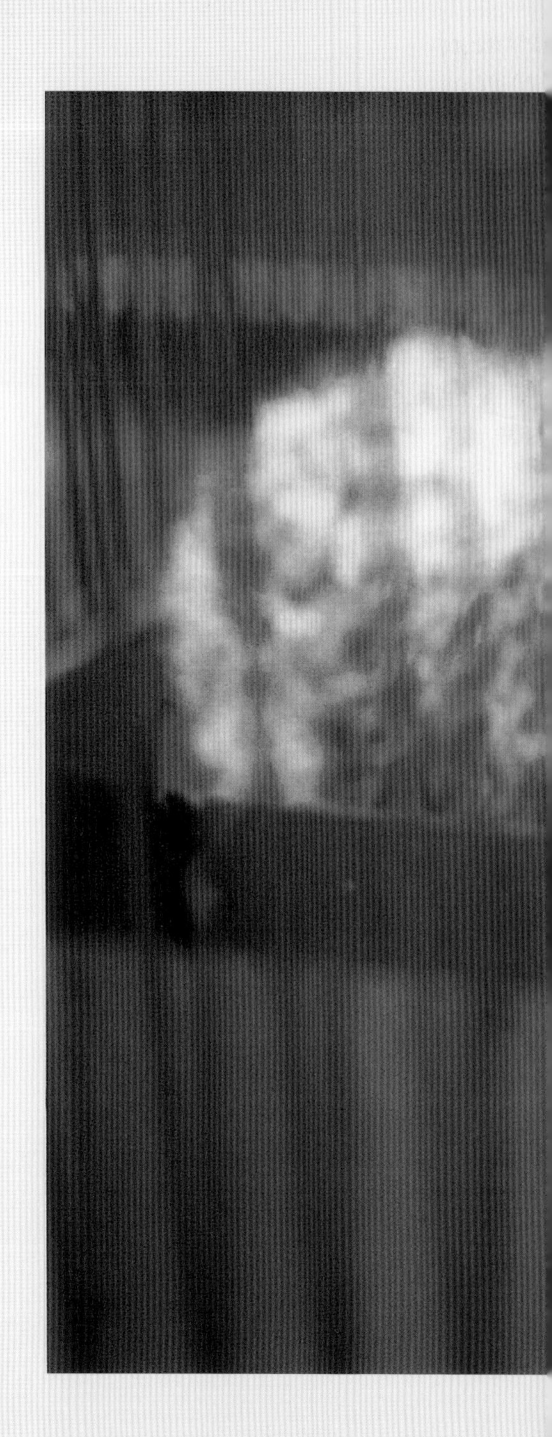

11

処分
11

죽기 직전에 개도 울겠죠?

- 초등학생

○

강아지 출산 장면을 보면서
울었던 기억이 납니다.
그들은 살려고 태어나는 것이지
죽으려고 태어나는 것이 아닙니다.
반려동물에게 배우는 사랑,
사심 없는 사랑을 잊지 말아야 합니다.

- 김정은 배우

仔犬

"인간과 함께 살던 동물이다 보니
자기 운명이 앞으로 어찌될지 아는 것 같아요.
그래서 동물들은 대부분 살처분되는 방으로 들어가는 것을
온몸으로 거부합니다.
입구 쪽에서부터 네 발로 필사적으로 버티지요.
반려동물을 버리는 사람들은 알아야 해요.
대부분 보호소에서 주사를 놔서 편안하게 보내 준다고
생각하지만 절대 그렇지 않습니다.
개도, 고양이도 가스실 안에서 울부짖고 몸부림치며
괴로워하다가 죽어 가죠.
저도 이 일을 직업으로 하고 있지만 그런 모습을 볼 때면
정말로 괴롭습니다."
보호소 직원은 사람들이 유기동물 보호소의 참담한 현실을
정확하게 알아야 한다고 힘주어 말했다.

한 초등학교에서 사진전을 열었을 때의 일이다.

눈에 눈물이 한가득 고인

아홉 살짜리 남자 아이가 다가오더니 물었다.

"왜 이 아이들을 죽이는 거예요?"

"…인간에게 버림받아서."

"그러면 저도 버림받으면 죽게 되는 건가요?"

"그런 일은 없을 거야…."

"어째서요? 똑같은 생명이잖아요!"

都市ガス用
2A・13A

새로운 생명이 태어나면 기쁘고
버려지거나 강제로 죽임을 당하면 슬픕니다.
사람이 느끼는 이런 감정,
개도 마찬가지 아닐까요?

- 오오타니 아키오, 초등학교 5학년

죽어 가는 개와 고양이를 위해
나는 어떤 일을 할 수 있을까요?
내가 할 수 있는 일을 하고 싶습니다.

– 사쿠마 쇼우고, 초등학생

○

사실 알면서도 눈 돌리고 싶은 사진을 보며
그래도 다시 한 번 사람들이 이 생명이 같이 살아가는 존재란 걸
마음 한편에 떠올렸으면 하는 바람입니다.
한 번의 관심 속에 작은 손길이라도 움직입니다.

- 강경옥 만화가

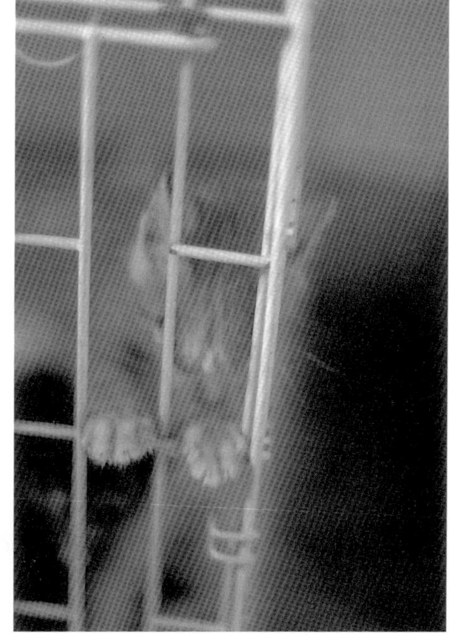

인간과 함께 살아가는 개를 버리거나
죽이는 일은 인간을 죽이는 것과
똑같다고 생각합니다.

- 초등학생

o

동물이 철창에 갇혀 죽을 날을 받아 놓고 있는 모습은
보는 것만으로도 내겐 고통이다.
실제로 가슴이 시큰거리고 눈물이 멈추지 않아서 앓아 눕는다.
나는 울기만 하지만 이런 현실에 대면해서
그들의 삶이 더 나아지도록 실천하는 분들을 존경한다.
많은 사람들이 모르던 사실을 알게 되고
용기를 내어 좀 더 나은 세상을 만들 것이라 믿게 되기 때문이다.

- 박기숙 포토그래퍼

늘 생명은 소중하다고 생각했습니다.

앞으로도 모든 생명을 소중하게

생각할 것입니다.

- 무라이 와카, 초등학교 5학년

ㅇ

세상에 대한 호기심으로 가득할 어린 영혼이
모든 희망의 끈을 놓아 버린 듯한 시선.
공포스러운 울부짖음만이
스스로를 방어할 수 있는 유일한 수단.
오로지 살아 있음의 몸부림.
네가 마주한 저 벽이 너의 절망인 게야.
이 창살을 녹일 수 있는 것은 오직 너의 신,
가슴속에 긍휼함을 아는 인간인 것을….

- 강은엽 조각가

나쁜 건 버린 사람인데

왜 개가 죽어야 하는지 모르겠어요.

- 미야자키 아키히코, 초등학교 5학년

o

자신이 버려진 것도 깨닫지 못한 채

숨을 거두는 순간까지 주인을 기다리는 그들.

순진무구한 그 새까만 눈동자를 들여다보는 것만으로도 눈물이 난다.

사랑엔 책임이 따른다.

한 번 품에 안았으면 죽을 때까지 보듬어야 하지 않겠나!

- 이명희 전 보그코리아 편집장

엄마에게 "생명은 모두 똑같다."고 배웠습니다.

그런데 왜 개를 버립니까?

- 초등학교 1학년

사람을 믿었던 사진 속 동물의 눈망울이 슬프네요.
그들을 버린 것도 인간이지만
그들을 구해 줄 수 있는 이 또한 인간입니다.

- 신동엽 〈TV동물농장〉 진행자

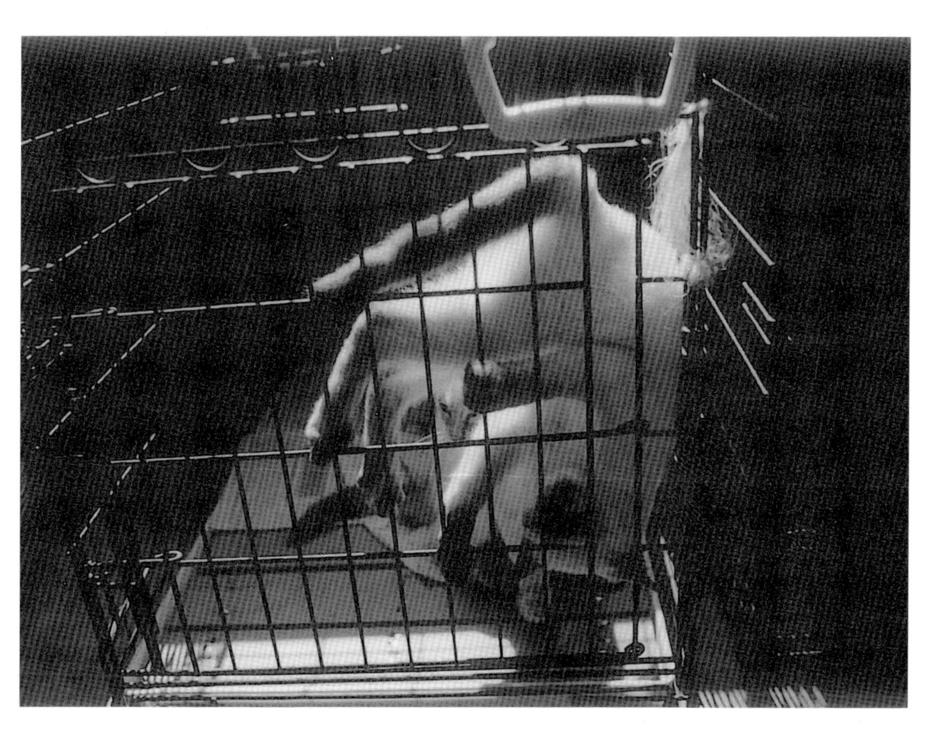

사진 속 동물들의 눈을 똑바로 쳐다볼 수 있는
떳떳한 내가 되겠습니다.

– 세키구치 유우지, 23세

o

길거리에서 너를 보면 언제나 고개를 돌렸다.
버려진 강아지를 다 구하고 다닐 수는 없지 않냐고
애써 스스로를 타이르며 외면했다.
내가 던지는 눈길 하나에도 꼬리 치며 기뻐하고
행복에 겨워하고 변치 않는 사랑을 한결같이
되돌려 주는 너희건만 나는 네게 잔인하기만 했다.
다음 세상에는 절대 개로 태어나지 마라.
우리는 아직 너희와 함께할 자격이 없다.

– 배유정 동시통역사

개와 고양이를 버리는 건
죽이는 것과 똑같다는 걸
알게 되었습니다.

– 이가라시 나츠코, 초등학교 5학년

○

여기 똑바로 바라보기 힘든
눈동자들이 있다.
사진 속의 눈동자들을 마주하는 건
고통스럽고 또 부끄럽다.
미안하다.
동물을 버리는 건
인간성을 버리는 일이다.

– 스노우캣 일러스트레이터

이른 봄, 출산 시즌이 되면

태어난 지 얼마 되지 않은 새끼 고양이들이 많이 버려진다.

네 마리의 새끼 고양이를 보호소로 데려온 주부에게 물었다.

"이 아이들 어떻게 된 건가요?"

"우리 집 고양이가 낳았는데 다 못 키우겠더라구요."

"새로운 주인은 찾아보셨나요?"

"찾아보긴 했는데 없더라구요."

"이 아이들 여기에 두고 가면 가스실에서 죽습니다.

괴로워하면서 죽어 갈 거예요."

"하지만 어쩔 수 없으니깐요."

"집에 있는 어미 고양이는 중성화를 시켜 주시면 어떨까요?"

"네? 너무 가엽잖아요.

게다가 돈도 들구요.

전 좀 바빠서

이만…."

보호소로 들어온 새끼 고양이들은

마대 자루에 넣어져

가스실에서 살처분되었다.

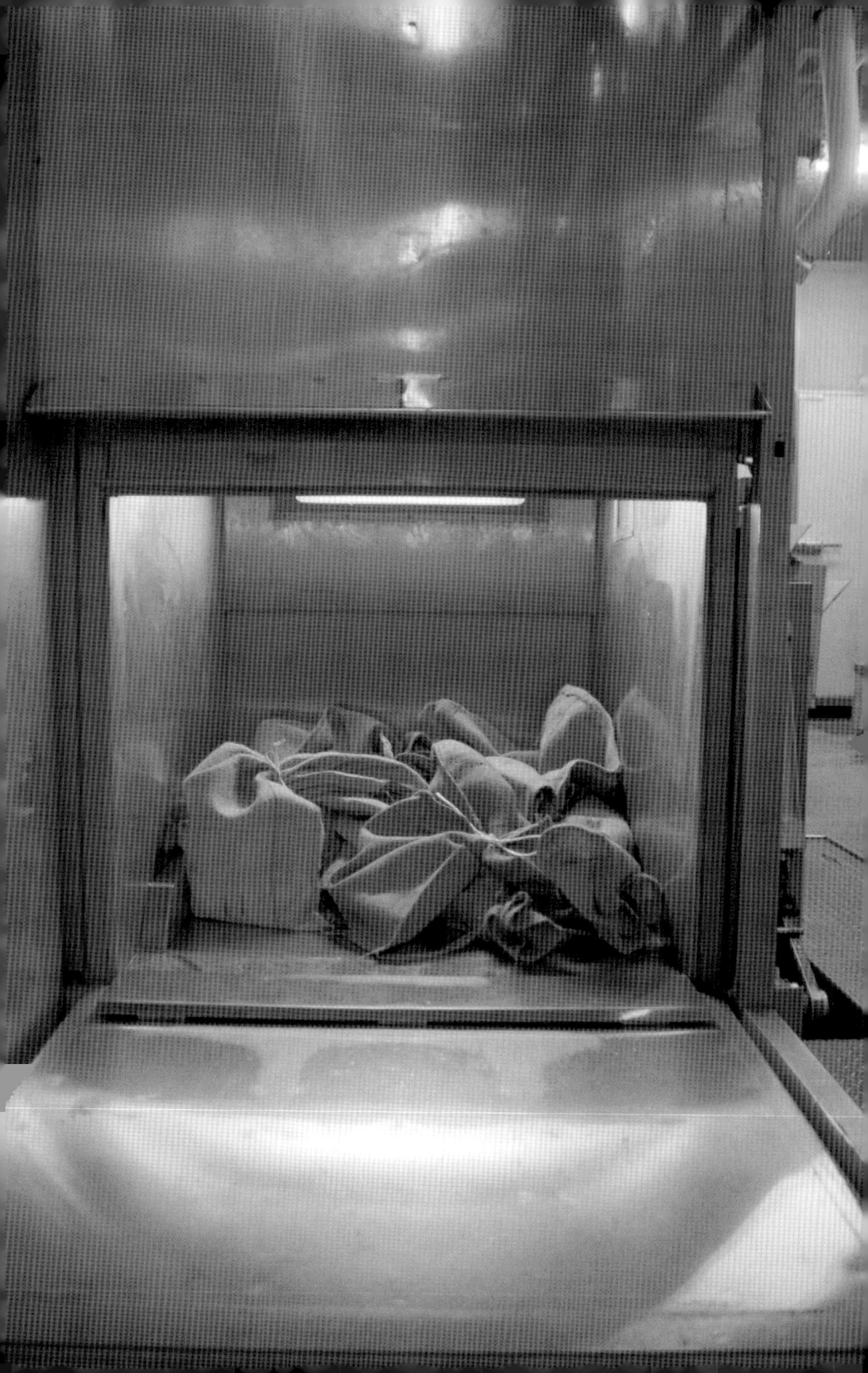

개나 고양이를 보호소로 데려가는
사람들에게 묻고 싶다.
"당신은 가스실 앞에 서서
최후의 버튼을 누를 수 있는가?"

국어 수업 시간에 "인류는 굉장한 발전을
이루어 왔다."는 글을 읽었습니다.
하지만 뭐가 굉장하다는 거죠?
이렇게 불쌍한 생명이 죽어 가는데….
- 초등학생

이 아이가 세상에 태어난 의미는

무엇일까….

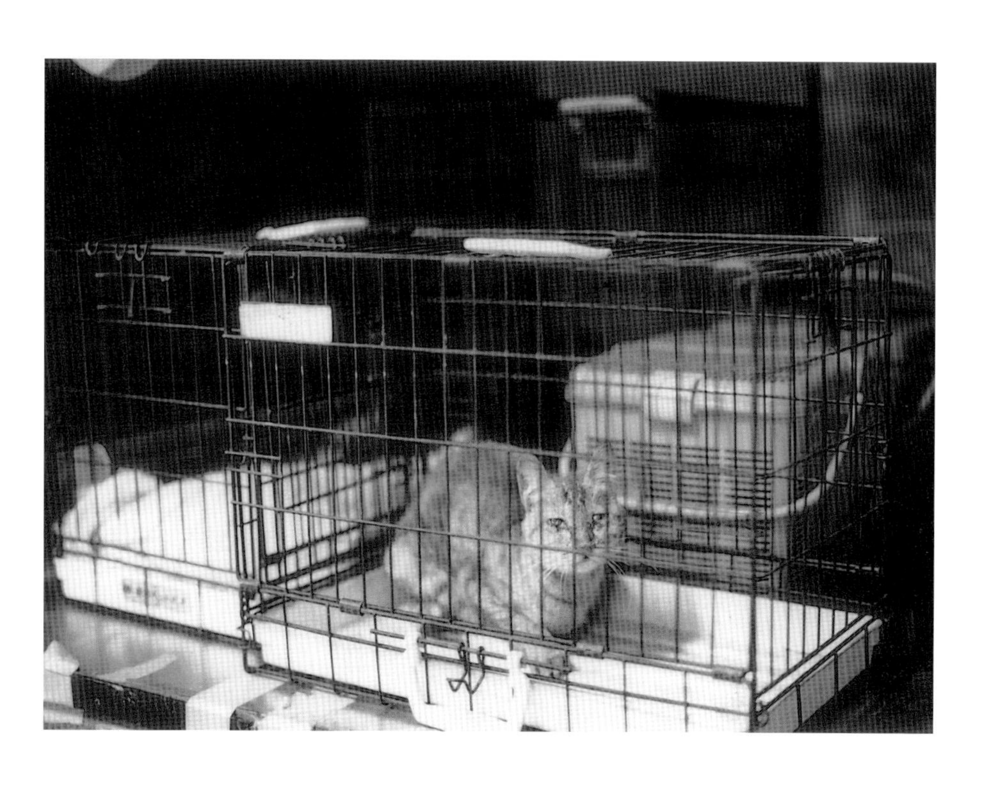

이 아이들은 어째서 이곳에서 이렇게
목숨을 잃어야 하는 걸까….

끝까지 두려움을 보이지 않고

꿋꿋했던 아이.

철망 너머 더없이

소중한 '생명들'.

그러나 이 책에 실린 사진 속 동물들은

더 이상 이 세상에 없다.

慰霊碑

마지막 초상화

죽음을 앞둔 동물들의 각기 다른 초상.

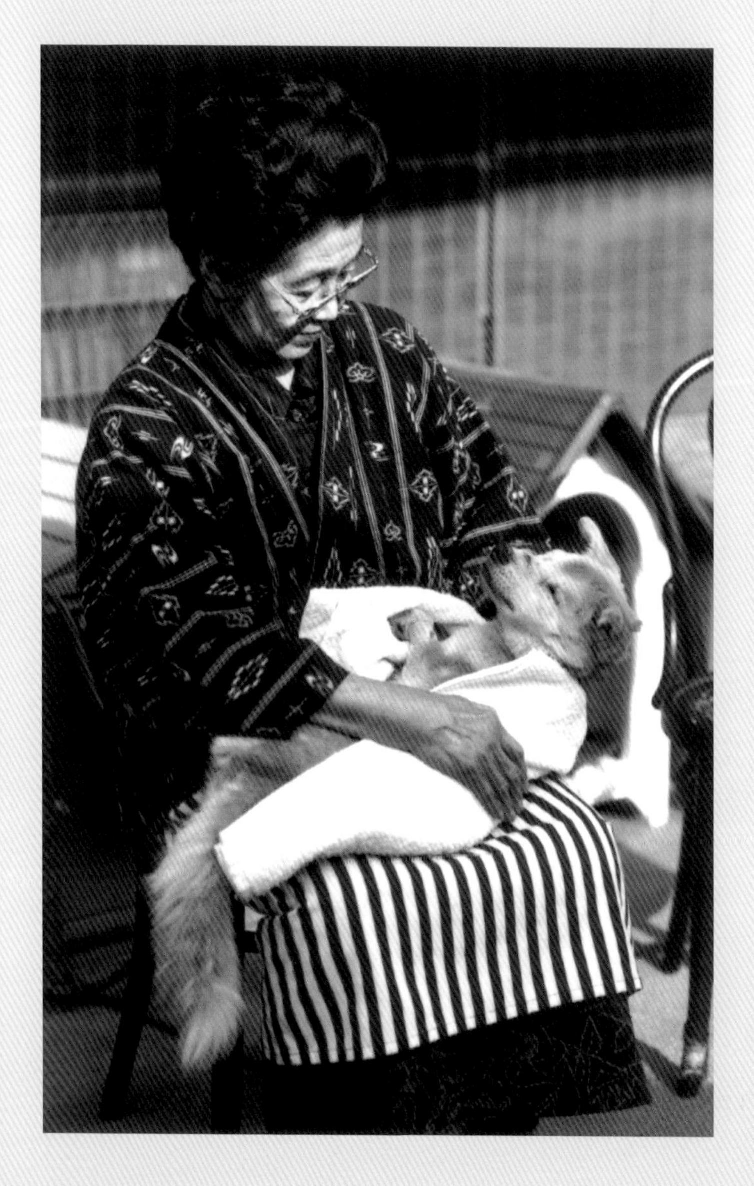

진심어린 보살핌을 받으며 가족이 지켜보는 가운데 마지막 숨을 내쉬고 있다.

이 개는 인간에게 버림받아 어둡고 차가운 가스실 안에서 생명을 다했다.

새로운 가족에게 입양되어 보호소를 떠나는 개. 살처분을 피하고 다시 살 수 있는 기회를 얻었다.

세 생명의 각기 다른 운명의 명암을 가르는 것은 다름 아닌 생명에 대한 인간의 의식 수준이다. 동물과 함께 산다는 것, 생명을 책임진다는 것의 의미가 어떤 것인지 명확히 안 다음에야 우리는 동물과 함께 살 자격이 있다.

살처분을 줄이기 위해 우리가 할 일

• 중성화수술을 시킨다

보호소에 들어와 살처분되는 개 중 33퍼센트가 강아지고, 고양이 중 81퍼센트가 새끼 고양이다. 마치 죽기 위해 태어나는 듯한 불행한 생명을 줄이기 위해 중성화수술이 필요하다. 중성화수술을 하면 암컷은 자궁축농증이나 유선종양, 수컷은 고환종양이나 전립선비대 등의 병을 피할 수 있고, 발정에 따른 가출, 스트레스, 싸움, 교통사고 등도 예방할 수 있어 수명이 길어진다.

• 건강하게 키우기 위해 올바른 지식을 익힌다

생명을 거두었다면 건강하게 잘 키우기 위한 지식을 익히고 실천해야 한다. 예방접종이나 구충제 복용, 정기 건강검진은 개, 고양이를 위험에 빠트리는 병을 피할 수 있게 하므로 잊지 않고 챙긴다. 또한 개, 고양이에게 치명적인 손상을 입힐 수 있는 음식물 섭취를 금하고 올바른 식단을 제공한다. 개와 산다면 외부에 묶어서 키우지 말고 집 안에서 인간과 함께 생활하고, 여러 마리의 고양이와 살 때는 각각의 영역을 침범하지 않도록 배려하는 등 함께 살기 위한 최소한의 지식을 익힌다.

• 반려인으로서 에티켓을 지킨다

심하게 짖기, 물기 등 개에 관한 거의 모든 문제의 원인은 제대로 교육을 시키지 않은 사람이다. 산책을 나갔을 때 대변 처리를 제대로 하지 않아 주민들과 마찰을 일으키기도 한다. 반려인이 제대로 된 훈련 상식이 없고, 에티켓을 지키지 않는다면 지역사회에서 지탄을 받고 동물혐오자를 양산하게 된다. 올바른 반려문화를 만들기 위해 개를 제대로 교육시켜 문제 행동을 하지 않도록 한다.

• 동물 등록을 하고 산책 시에 목줄을 한다

동물 등록은 반려동물을 잃어버리지 않기 위한 가장 좋은 예방법이다. 집을 잃은 개, 고양이에게 내장 칩이나 인식표가 없다면 찾기가 어렵다. 또한 산책할 때는 절대로 목줄 또는 가슴줄을 풀지 않는다.

• 고양이는 실내에서 키우고 이름표를 채운다

고양이를 외출 고양이로 키우는 것은 대소변 문제로 이웃에게 피해를 줄 수도 있고, 교통사고나 전염병, 학대 등의 위험이 높다. 물론 피해도 주지 않고 고양이에게도 안전한 환경이라면 괜찮지만 도시에는 그런 환경이 거의 없다. 고양이는 스스로 안전하게 있을 수 있는 구역을 정하면 그 범위 내에서 충분히 만족하며 살 수 있으므로 처음부터 실내에서만 키우는 게 좋다.

• 길고양이에게는 밥과 함께 중성화가 필수다

길고양이가 불쌍하다고 사료만 준다면 번식이 반복되어 이웃과 갈등을 일으키게 된다. 영양과 환경이 좋지 않은 길고양이의 새끼는 얼마 못 살고 죽는

일이 반복되고, 포획되어 살처분되는 일도 반복된다. 대소변 냄새와 고양이 울음소리를 싫어하는 이웃으로부터 학대를 받을 위험도 있다. 그러므로 길고양이에게 밥을 주는 캣맘은 길고양이의 보호자라는 자각과 책임감을 가지고 밥을 주는 곳의 위생적인 관리, 화장실 설치와 대소변 처리는 물론이고 중성화수술도 책임져야 한다. 중성화수술을 통한 번식 제한과 위생적인 관리가 지역주민들과 더불어 살기 위한 기본 조건이다.

• 반려동물이 집을 나갔다면 즉시 관련 기관에 연락한다

길을 배회하다가 포획되어 보호소에 수용된 개 중 원래 주인 곁으로 돌아가는 비율은 높지 않다. 나머지는 보호소에서 죽거나 새 가족을 찾아야 한다. 함께 사는 반려동물이 집을 나갔다면 바로 주변에 전단지를 붙이고, 관련 웹사이트에 접속해서 찾거나 실종 사실을 알리고, 지자체나 유기동물 보호소에 연락해 찾는 일을 시작해야 한다.

• 어떠한 이유에서라도 절대로 버리지 않는다

개나 고양이를 버리는 이유는 다양하다. 새끼를 낳았는데 줄 데가 없어서, 이사를 가는데 동물을 못 키우는 곳이라서, 개가 병에 걸려서, 반려인이 나이가 들어 돌볼 수 없어서, 물어서, 심하게 짖어서, 시끄러워서, 애교가 없어서, 새로운 개(고양이)를 데려와서, 돌보는 게 귀찮아서, 생각보다 돈이 많이 들어서…. 개나 고양이를 키우기 시작했다면 어떤 이유로도 애정과 책임감을 갖고 함께 살아야 한다. 그런 책임감이 싫다면 반려동물과 함께 살겠다는 마음을 포기한다.

• 동물을 학대자로부터 지킨다

〈동물보호법〉에 따라 동물학대자는 벌금·징역형을 받게 된다. 그러므로 동물이 학대받는 것을 알게 되었다면 말 못하는 동물들의 대변인이 되어 학대하는 사람에게 주의를 주거나 경찰에 연락해 동물을 학대로부터 구한다. 동물학대는 아동학대나 가정 내 폭력으로 이어지는 경우가 많다. 동물학대는 인간에 대한 폭력의 전 단계므로 단순한 동물학대라고 지나치지 말아야 한다.

• 유기동물 보호소에서 입양한다

보호소에 들어온 동물 중 새로운 가족에게 입양되는 비율이 높지 않다. 새로운 반려동물을 입양할 예정이라면 보호소에서 주인에게 버림받고 죽게 될 운명에 처한 개나 고양이를 입양해서 하나의 생명이라도 구한다.

• 유기동물을 못 본 척하지 않는다

길에서 떠도는 유기동물을 발견한 경우 '누군가 도와주겠지.' 하고 못 본 척하지 않는다. 우선 구조해 각종 사고로부터 구한 후 새로운 가족을 찾아준다. 입양을 보낼 때 개, 고양이를 데려가 되파는 분양사기에 주의해야 하며 신분 확인을 꼼꼼하게 한 후 애정과 책임감이 넘치는 가족을 찾아 분양한다.

• 유기동물 문제를 알리는 홍보인이 된다

유기동물 보호소에서 불쌍하게 죽어 가는 아이들을 주변에 알린다. 입소문, 인터넷, 사진전, 미디어 기고 등 방법은 여러 가지다. 자신이 할 수 있는 방법으로 유기동물의 참상을 알리는 홍보인이 되자. 한 사람의 의식이 바뀌면 하나의 생명을 구할 수 있다.

참고자료

〈2003년도 일본 전국동물행정 설문조사 결과보고서〉(동물보호단체 지구생물회의 발행)

'살처분 제로'가 아니라 '불행한 동물 제로'가 목표다

사진전 〈동물에게 바치는 레퀴엠〉의 전국 순회를 시작한 1998년 즈음 일본에서는 매년 60만 마리가 넘는 유기동물이 보호소에서 살처분되었다. 이후 살처분 수는 서서히 감소해서 20여 년이 지난 지금은 당시의 10분의 1도 되지 않는다.

그동안 동물보호단체와 활동가들이 사람들의 의식 변화를 촉구하는 활동을 꾸준히 펼친 덕분이다. 그전에는 언론사에서 유기동물 살처분 문제를 다루지 않았다. 생명을 죽이는 이야기를 터부시하여 공개적으로 드러내길 꺼렸기 때문이다. 하지만 세상은 변했다. 언론에서도 유기동물 살처분 문제를 다루고, 동물보호에 관한 법률도 개정되었다. 동물단체와 연계해서 살처분이 없는 노킬No kill 보호소를 실현하는 지자체도 등장했다. 지난 10년 동안 사회 전반적으로 동물을 보호하려는 움직임이 크게 확산되었다.

동물 문제를 해결하는 데 있어 중요한 동물 관련 법의 제정과 개정이 활발했다. 1999년에 〈동물보호 및 관리에 관한 법률〉이 시행되었다. 반려인의 철저한 책임의식을 의무화하고, 동물학대자에 대한 처벌 강화, 동물 관련 사업의 규제 등의 내용이 담겼다. 하지만 부족한 부분이 많았고 보호단체가 중심이 되어 '동물의 생명을 지키는 참된 법률로!'라는 슬로건 아래 법률 개정을 지속적으로 요청하는 서명운동을 벌였다. 그 결과 1999년에 시행된 동물보호 관련 법은 2005년, 2012년, 2019년에 걸쳐 여러 번 개정되면서 모습을 갖춰 갔다.

그중에는 몇몇 중요한 내용이 있다. 반려인에게 키우는 반려동물이 수명을 다할 때까지 돌보도록 하는 것을 의무로 했고, 보호소에는 안이한 이유를 들어서 반려동물을 포기하려는 사람이 올 경우 동물 인수를 거부할 수 있는 권한을 주었다. 또한 보호소에는 수용된 유기동물에게 새 주인을 찾아주도록 노력할 의무를 부과했다. 이런 법 개정이 살처분을 줄이는 큰 원동력이 되었다.

한편으로 아직 방치된 채 사육되는 개들이 많고, 그 개들은 떠돌이개, 들개라는 이유로 포획된다. 이런저런 이유로 보호소에서 죽어 가는 생명이 2017년 1년 동안 51,495마리나 되었다. 보호소에 들어온 동물은 총 112,668마리(개 39,117마리, 고양이 73,551마리)며, 그중 살처분 수는 51,495마리(개 8,711마리, 고양이 42,784마리), 반려인에게 돌아간 동물은 총 13,308마리(개 12,525마리, 고양이 783마리), 다행히 살처분 전에 새로운 가족을 찾은 동물은 총 47,865마리(개 17,881마리, 고양이 29,984마리)였다(2017년도 환경성 조사).

개와 고양이를 버리는 이유는 아파서, 무는 버릇이 있어서, 새로 이사한 곳이 반려동물을 키울 수 없는 곳이라서, 이혼해서, 아이가 고양이 알레르기가 있어서 등 다양하다.

그런데 일본에는 최근에 새로운 문제가 등장했다. 저출산과 고령화, 핵가족화 시대다. 고령의 부부만 사는 세대 또는 홀로 사는 고령자가 늘어나면서 반려인의 병, 입원, 요양시설 입소, 사망 등으로 그들과 함께 살던 개, 고양이가 갑자기 갈 곳을 잃는 경우가 늘고 있다.

이는 늦은 나이에 반려동물을 입양하는 경우가 많기 때문이다. 자식이 독립해서 분가하거나 정년퇴직을 해서 갑자기 시간이 많아졌거나 부모의 병 수발이 끝나서 자유로워졌거나 배우자가 세상을 떠나는 등, 쓸쓸해진 사람들이 반려동물을 찾는다. 이렇게 대략 60세 이후의 사람들이 쓸쓸함을 달래려고 개, 고양이를 새로운 인생의 파트너로, 가족으로 맞이한다.

그런데 문제는 입양할 때는 건강하던 반려인이 시간이 지나면서 건강에 문제가 생기는 경우다. 정정했던 고령자가 건강악화 등의 이유로 반려동물을 돌볼 여력이 되지 않으면 보호소에 데리고 가게 되고, 결국 개와 고양이는 살처분된다. 최근 일본에는 이런 가슴 아픈 사례가 잇따르고 있다.

또한 별생각 없이 여러 마리의 개와 고양이를 키우는 경우도 문제가 된다. 다견, 다묘 가정에서 중성화수술을 등한시하면 결과는 뻔하다. 반복된 번식으로 개체수가 수십, 수백 마리로 늘어 손쓸 수 없는 지경에 이르는 애니멀 호딩(animal hoarding, 인간과 동물의 유대가 기이하게 파탄된 형식으로, 동물을 보살핀다고 하지만 사실은 동물을 잔뜩 모아서 방치하고 끔찍한 해를 입히는 강박적인 정신장애)'도 사회 문제다. 이런 경우 많은 개와 고양이가 보호소에 한꺼번에 수용되기 때문에 보호 공간이 부족해져 모두 살리기가 쉽지 않고, 다행히 입양을 간다고 해도 제대로 된 기본 교육, 사회성 교육, 배변 교육 등을 받지 못했기 때문에 여러 문제를 겪는다. 그래서 애니멀 호딩 문제는 심각하다.

개는 대문 밖에 놓아기르는 것이 법적으로 금지되어 있지만 고양이는 규제가 없다. 그러다 보니 집 안팎을 자유롭게 오가는 외출 고양이로 키우는 집이 적지 않은데 중성화수술을 하지 않은 채 내보내다 보니 번식이 많이 된다. 중성화수술이 되지 않은 길고양이가 낳은 새끼 고양이까지 더해져서 보호소에 들어와 살처분되는 새끼 고양이가 많다.

새끼 고양이는 고양이의 발정, 출산기인 봄, 가을에 보호소에 많이 들어온다. 그런데 새끼 고양이는 몇 시간 간격으로 분유를 주고 배변 유도를 하는 등 손이 많이 간다. 새끼 고양이를 보호하고 돌보려면 그들을 전담하는 인력, 공간, 예산이 여유가 있어야 하는데 그게 불가능하다 보니 보호소에 들어오는 새끼 고양이는 대부분 살처분된다. 살처분되는 고양이의 수가 많은 이유다.

하지만 이 상황도 서서히 좋아지고 있다. 개줄 없이 놓아기르는 개가 줄어드니까 번식이 줄고, 중성화수술이 보급되면서 떠돌이개도 상당히 줄었다. 중성화수술에 대한 인식이 확산되면서 무분별한 번식을 막았을 뿐 아니라, 살처분되는 동물의 수를 줄이는 데 큰 역할을 했다. 펫푸드협회의 〈2018년 전국 개·고양이 사육 실태 조사〉에 따르면 개는 54퍼센트, 고양이는 77.2퍼센트가 중성화수술을 했다. 물론 일부에서는 여전히 중성화수술이 되지 않고 버려진 개들과 길고양이의 번식이 되풀이되고 있다.

최근 유기동물 보호소는 입소한 개, 고양이의 입양을 위해 민간단체나 개인 자원봉사자와 연계해 노력하고 있다. 덕분에 살처분이 없는 보호소도 등장하고 있다. 물론 일부 선진적인 지자체를 제외하고는 아직도 많은 보호소가 입양 가능한 개체와 살처분할 개체를 '선별'하고 있는 실정이다.

살처분할 개체를 '선별'할 때 입양 가능한 개체로 분류되는 건 대부분 어리고, 건강하고, 붙임성 좋은 개와 고양이다. 다른 이유는 없다. 입양자들이 그런 개와 고양이를 원하기 때문이다. 아프거나 나이가 많은 개와 고양이, 사람에게 경계심을 보이는 들개, 손이 많이 가는 새끼 고양이는 살처분되는 일이 많다.

지금 일본의 유기동물 보호소에 관한 행정은 '죽이기' 위한 시설에서 '살리기' 위한 시설로 역할과 사명을 크게 바꿔 나가는 중이다. 하지만 입양처를 찾기 힘든 개와 고양이의 생명을 어떻게 구할지, 수용되는 동물의 수를 어떻게 줄일지 등 아직 과제는 산더미다.

문제 해결의 최종 목표는 '살처분 제로'가 아니다. '버려지는 생명 제로', '보호소에 들어오는 생명 제로'가 목표며 '불행한 생명 제로'가 궁극의 지향점이다. 설령 버림받지 않았다고 해도 사랑받지 못하고 방치되거나 학대를 당한다면 그 동물의 생애는 결코 행복하다고 할 수 없기 때문이다.

가족의 따뜻한 품에서 마음 편히 살다가 천수를 다하는 것, 그것이 바로 반려동물인 개와 고양이의 행복일 것이다. 가족으로 맞이한 개와 고양이의 생명에 책임을 지고, 그들이 무지개다리를 건널 때까지 사랑으로 평생을 돌보고 함께하는 것, 그만한 각오가 없다면 애당초 키우지 않는 것이 중요하다. 동물을 좋아하지만 책임질 능력과 의지가 부족하다면 그들을 소유하지 않는 것 또한 사랑의 한 방법이다. 한 사람 한 사람이 이런 마음으로 반려동물을 대하고 실천으로 옮긴다면 이 세상에서 '불행한 생명'은 없어질 것이다.

행복한 개와 고양이가 늘어나는 데 이 책이 작은 도움이라도 되기를 진심으로 바란다.

2019년

고다마 사에

20년 만에 살처분이 90퍼센트 줄었다

일본에서 이 책이 나온 이후 일본 사회는 동물 문제에 관해서 많은 변화를 겪었다. 1998년 즈음 보호소에서 살처분되는 수가 매년 약 60만 마리였는데, 2017년에는 51,495마리로 줄었다. 그래서 한국판의 개정 증보판을 펴내면서 이에 관한 사진을 덧붙인다.

초판 속 사진은 모두 흑백이었다. 책에 실린 사진 속 동물들은 살아남지 못하고 모두 살처분되었기 때문이다. 당시는 너무나 많은 생명이 보호소에서 죽임을 당했다.

이번 개정 증보판에는 보호소 동물의 컬러 사진을 싣는다. 이 사진 또한 반려인이 보호소에 와서 직접 버렸거나 길에서 떠돌다가 체포되어 유기동물 보호소에 머물고 있는 동물들의 사진이다. 하지만 다행히 여기에 실린 개와 고양이는 입양 심사에서 합격한 아이들이기 때문에 컬러로 싣는다. 입양 심사란 살처분을 할 것인지, 입양 노력을 할 것인지를 결정하는 절차로, 입양 심사에 합격했다는 것은 살처분을 피했다는 의미다. 이곳에 실린 아이들은 모두 입양되어서 새로운 가족을 만났다.

초판이 떠난 아이들을 위한 진혼곡이라면
지금부터는 생명을 새로 얻은 동물들에게 보내는
작은 응원이다.

일본에서는 1998년만 해도
매년 약 60만 마리가 넘는 유기동물이
보호소에서 살처분되었다.
이후 서서히 감소하여
2017년에는 약 5만 마리가 되었다.

언론사는 생명을 죽이는 이야기를 터부시하여
유기동물 살처분 문제를 다루지 않았지만 세상은 변했다.
언론에서도 유기동물 살처분 문제에 관심을 갖기 시작했고,
덕분에 사회 전반적으로 동물을 보호하려는 움직임이
크게 확산되었다.

FeLV(+)
多喜くん(たき)
福丸くん(ふくまる)
朝子ちゃん(あさこ)

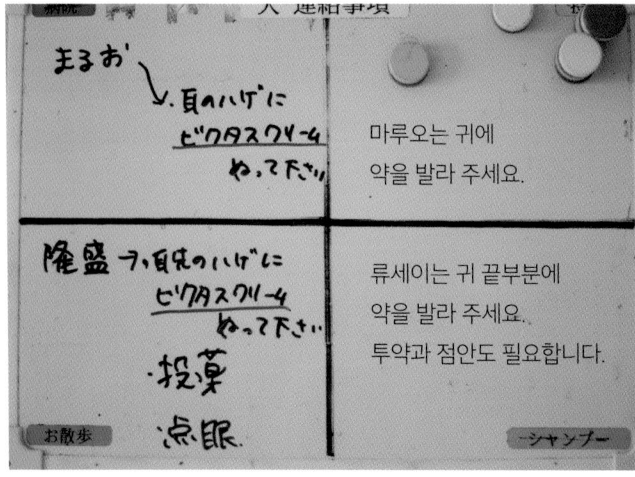
まるお
耳のハゲに
ビクタスクリーム
ぬって下さい
마루오는 귀에
약을 발라 주세요.
隆盛 耳先のハゲに
ビクタスクリーム
ぬって下さい
・投薬
点眼
류세이는 귀 끝부분에
약을 발라 주세요.
투약과 점안도 필요합니다.
お散歩
シャンプー

飼い主募集中
撫でることができます
性格・アピールポイント
おとなしく、控えめで、優しい性格です。
白い靴下柄です。

동물단체와 연계해서

살처분 없는 노킬 보호소를

실현하는 지자체도 있다.

버림받지 않았다고 해도 반려인에게 사랑받지 못하고
방치되거나 학대를 당한다면
그 동물의 생애는 결코 행복하다고 할 수 없다.

입양 가능한 개체로 분류되는 건 대부분 어리고,

건강하고, 붙임성 좋은 개와 고양이다.

다른 이유는 없다.

입양자들이 그런 아이들을 원하기 때문이다.

새끼 고양이는 몇 시간 간격으로 분유를 주고
배변 유도를 하는 등 손이 많이 가다 보니 살처분을
피하기 어려웠는데 고양이의 중성화수술 비율이
높아지면서 상황이 좋아지고 있다.

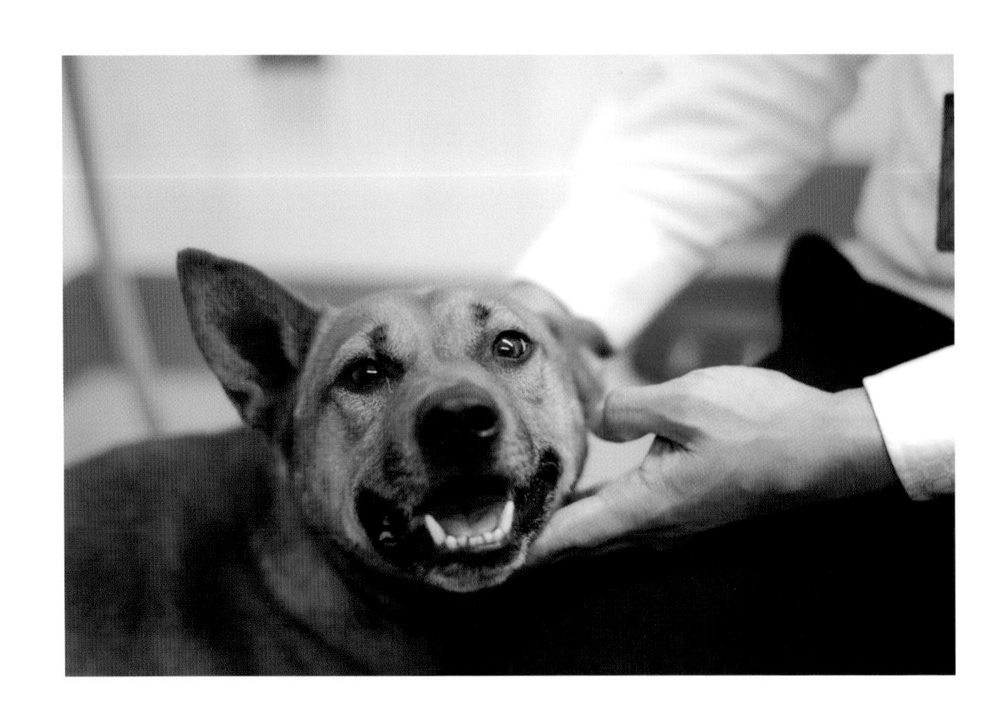

가족의 따뜻한 품에서

편히 살다가 천수를 다하는 것,

그것이 반려동물의 행복일 것이다.

최종 목표는 '살처분 제로'가 아니다.

'버려지는 생명 제로',

'보호소에 들어오는 생명 제로'가 목표며

'불행한 생명 제로'가 궁극의 지향점이다.

유기동물 보호소에 관한 행정은
'죽이기' 위한 시설에서
'살리기' 위한 시설로
역할과 사명을 크게 바꿔 나가는 중이다.

입양하신 분들에게.
아이들의 마지막까지
소중하게 함께해 주세요.
最期まで
大切に飼ってね

수도꼭지를 잠가라,
중성화수술의 중요성

2009년 《유기동물에 관한 슬픈 보고서》를 출간했다. 국내에서 처음 나오는 유기동물 관련 서적이었다. 10년 만에 개정 증보판을 출간한다. 그사이 한국의 유기동물 문제는 어떤 변화를 겪었을까?

농림축산검역본부가 유기동물에 관해 공식 조사 결과를 처음 발표한 것은 2008년이다. 2002년을 전후로 반려동물과 사는 인구가 폭발적으로 늘어나면서 처음으로 조사 결과를 발표했다. 2008년의 유기동물 수는 77,877마리였는데 2009년 82,658마리, 2010년 100,899마리 등으로 늘어난다. 이후 10만 마리 내외에서 부침을 겪나가 2014년 80,146마리로 최저를 기록한다. 관련 법의 개정과 동물단체들이 노력한 결과가 나타나는 것으로 보였으나, 이후 다시 급격한 증가세를 보이면서 2018년 이후로는 거의 매해 약 13만 마리의 유기동물이 발생했다.

유기동물 보호소에 입소된 동물들은 2019년의 경우 21.8퍼센트가 살처분, 24.8퍼센트가 자연사로 죽었다. 사람들은 살처분에 집중하지만 사실 자연사가 살처분보다 더 나쁜 죽음일 수 있다. 살처분에 대한 시선이 따갑기 때문에 보호소는 살처분율을 낮추기 위해서 살처분시키지 않고 다치거나 질병이 있는 동물을 방치한 후 자연사로 처리한다. 이처럼 유기동물 보호소로 입소한 동물들의 결말은 처참하다. 보호소라고 부를 수 없는 이유다.

동물보호단체의 활동과 개인 활동가들의 활약, 미디어의 관심과 부족하지만 관련 법 개정이 이어지고 있음에도 상황은 이처럼 답답하다. 동물보호단체는 정부 통계에 들어 있지 않은 유기동물이 훨씬 많을 것으로 추정한다. 버려져서 길에서 떠돌거나 개인 활동가나 일반인이 구조했거나 수십, 수백 마리의 유기동물을 보유하고 있는 사설 보호소가 전국에 퍼져 있기 때문이다. 2018년 농림축산식품부는 전국 82개소의 사설 보호소에 약 15,000마리의 개, 고양이가 수용되어 있다는 조사 결과를 내놓았다. 하지만 동물보호단체는 이보다 서너 배는 많을 것이라고 예상한다.

유기동물의 증가는 원인이 여러가지다. 책임감 없이 생명을 가볍게 사고 쉽게 버리는 반려인, 공동주택 위주로의 주거 형태의 변화, 교육의 중요성을 모르고 예뻐하기만 하다가 물거나 짖는 등 문제가 생기면 버리거나 질병이 생기면 경제적인 부담으로 버리기도 한다. 임신, 출산과 함께 반려동물을 버리는 것도 한국만의 특수한 상황이다.

또한 유기동물 증가의 한 책임은 행정기관에 있다. 규제가 허술한 틈을 타 반려동물의 공급이 수요를 넘어섰고 잉여동물이 상품처럼 경매·판매·유통되면서 유기동물이 양산되고 있다. 동물복지 선진국인 독일·

영국·캐나다 등에서 실시하는 개, 고양이의 상업적인 생산·판매 금지가 아직 시기상조라면 생명을 사고파는 강아지 공장, 경매장, 펫숍 등에 대한 강력한 규제가 필요한 이유다. 한국만의 특수성인 개식용 문제도 잉여동물을 만든다. 번식장이나 펫숍의 잉여동물이 개식용 재료로 팔려나가는 것은 공공연한 사실이다. 개식용 시장은 번식장이나 펫숍에서 동물을 마구잡이로 생산 가능하도록 하는 든든한 뒷배다.

동물을 유기한 자에 대한 징계는 동물보호법 개정 때마다 벌금형 등으로 계속 강화되는 추세이다. 이는 유기한 자를 찾는데 힘이 될 뿐 아니라 소유자의 의무를 강화하는 방식이다. 그러나 사람들은 반려동물을 포기할 때 직접 버리거나 팔기도 하지만 아는 사람에게 보내기도 한다. 일단 다른 사람에게 넘겨지면 또다시 다른 사람에게 넘겨질 확률이 높아지며, 그 끝은 대부분 '먹히거나, 길에서 떠돌다가 사고나 병으로 죽거나, 보호소에서 살처분되거나'다. 이게 현실이다.

유기동물 문제는 우리나라만의 문제가 아니다. 세계적인 문제다. 사람 칫솔보다 반려동물 칫솔이 더 많이 팔리는 영국도 여름 휴가철이면 반려동물을 버리고 휴가를 떠나는 사람들 때문에 골치를 앓는다. 유기동물의 문제는 반려동물 천국이라는 미국도 인구 대비 반려동물 비율이 세계에서 가장 높다는 프랑스도 마찬가지다.

이 책의 배경인 일본은 유기동물 보호소의 살처분 수를 획기적으로 줄여 나가고 있다. 일부 지자체는 동물보호단체와 협업하여 이미 살처분 없는 보호소를 실현하고 있기도 하다. 일본은 우리나라보다 반려인구도 반려동물의 수도 훨씬 많다. 일본의 인구가 우리나라의 2.5배에 달하고 반려동물과 사는 가구의 비율도 높아서 두세 가구 중 한 가구가 반려동물과 산다. 우리보다 약 4배 정도 많은 개, 고양이와 살고 있는데도 불구하고 지속적인 노력으로 유기동물 보호소에 입소하는 동물의 수가 2017년에 약 12만 마리로 우리나라와 비슷하다.

우리보다 일찍 반려동물과 살기 시작한 나라들은 제도를 정비하고, 교육을 통해 보호소에서 죽어 가는 불행한 동물을 줄이기 위해 노력해 왔다. 그중 실질적으로 살처분을 줄이는 데 큰 영향을 끼친 하나를 꼽으라면 단연 중성화수술이다. 유기동물에 관한 활동을 꾸준히 하고 있는 이 책의 저자도 일본의 유기동물 살처분 비율이 꾸준히 줄고 있는 가장 큰 요인으로 중성화수술에 대한 인식 확산을 꼽았다.

미국의 동물보호단체 토비 프로젝트는 암컷 개 한 마리와 그 자손을 중성화수술 시키지 않을 경우 6년 뒤에 자손이 67,000마리가 된다는 자료를 제시한다. 67,000마리 중 몇 마리나 좋은 가족을 만나 제 수명대로 살까?

어느 나라나 유기동물 살처분은 인간이 임의로 생명을 처분한다는 윤리적인 문제뿐 아니라 살처분에 들어가는 사회적 비용 부담 때문에 국가가 중성화수술 문제에 적극 개입한다. 미국은 많은 주가 중성화수술을 적극 지원하는데, 로스앤젤레스는 반려동물의 중성화수술이 의무며, 대만은 정부가 중성화수술 비용을 지원한다. 덕분에 미국은 반려동물의 80~90퍼센트가 중성화수술이 된 반면 한국은 〈2018년 반려동물 보유현황 및 국민 인식조사 보고서〉에 따르면 고작 46퍼센트(개), 58퍼센트(고양이) 수준이다.

미국의 경우 1970년대에는 믿기 어려울 정도의 수인 매년 약 1500만 마리의 동물이 보호소에서 살처분으로 죽었는데 최근에는 300만 마리로 줄었다. 미국 노스캐롤라이나주의 벅컴 카운티는 동물단체와 함께 중성화수술을 집중적으로 진행하자 지역 보호소의 살처분 비율이 75퍼센트나 줄었다. 미국 뉴욕시는 2000년 보호소의 동물을 입양시킬 때 모두 중성화수술을 시키는 법안을 통과시켰고, 중성화수술을 적극적으로 지원하자 2002년 74퍼센트였던 보호소의 살처분 비율이 2010년에 33퍼센트로 줄었다. 중성화수술은 세계적으로 보호소의 살처분을 줄이는 가장 효과적인 방법임이 입증되었다.

동물보호단체는 '사지 말고 입양하세요.'라는 캠페인을 이어간다. 한국 반려인은 어디서 반려동물을 데리고 올까? '친척, 친구, 지인'에게서 받은 경우가 46.3퍼센트(개), 37.8퍼센트(고양이), 펫숍이나 인터넷 사이트 등을 통해 '산' 경우가 35.1퍼센트(개), 23.1퍼센트(고양이), 유기동물을 입양한 경우가 7.3퍼센트(개), 26.1퍼센트(고양이)다. 대부분 사거나 중성화수술이 되지 않은 지인의 반려동물이 낳은 새끼를 받았다. 이런 상황이니 중성화수술을 강제하거나 지원하지 않는 한 태어나고 버려지고 살처분되는 동물의 수를 절대로 줄일 수 없다. 중성화수술이 전제되지 않으면 유기동물의 살처분은 끝없이 되풀이될 뿐이다. 수도꼭지를 잠그지 않고 넘치는 물을 막을 방법은 없다.

유기동물 입양에 대한 인식 전환도 중요하다. 유기동물 보호소에서의 입양률이 2015년에 32퍼센트였는데, 꾸준히 낮아져 2018년에는 27.6퍼센트까지 떨어졌다. 유기동물 입양이 당연한 것으로 여겨지고 정착되어 가는 외국과는 다른 양상이다. 국내의 유기동물 입양에 대한 부정적인 시선의 원인은 뭘까? 바로 보호소의 현실이다. 지자체가 위탁하는 보호소 중에는 제대로 관리가 되지 않아서 환경이 개 농장과 다르지 않거나 수용소 같은 곳들이 많다. 보호소의 개들을 개 농장으로 보낸다는 의혹이 일기도 한다.

이런 지경이니 유기동물 입양을 꺼리는 것이 당연하다. 유기동물 입양을 꺼리는 이유로 '질병에 걸렸을 것 같다.'는 대답이 가장 많다. 함께 오래 살 수 있는 건강한 반려동물을 원하는 마음은 누구나 같다. 그러니 유기동물 입양에 대한 사람들의 편견을 바꾸려면 보호소가 먼저 변해야 한다. 현재 지자체가 운영하는 300여 개의 보호소는 매년 10만 마리가 넘는 유기동물이 밀려들어오면서 보호소의 기능을 잃고 허덕이고 있다. 최저가 입찰 방식을 바꿔서 인력과 예산을 확보하고, 질병을 앓고 있는 동물에 대한 치료를 의무화하고, 위탁을 직영으로 바꾸는 등의 제도 개선으로 접근성이 좋고 청결한 환경에, 동물들의 질병과 문제행동을 걱정하지 않아도 되는 보호소가 되어야 한다. 보호소는 단지 동물을 수용하는 곳이 아니라 입양을 보내는 곳이어야 한다. 그래야 매년 유기동물 보호소에 들어가는 200억 원가량의 세금이 헛짓이 되지 않을 것이다. 동물을 죽이는 데 들어가는 돈을 동물을 살리는 데 써야 한다.

유기동물 보호소에서의 살처분을 줄이기 위해서는 제도가 뒷받침되어야 한다. 반려인의 책임감만으로는 해결할 수 없다는 뜻이다. 우리 사회는 유기동물 문제를 유독 개인의 책임감 부족으로 보는 경향이 높다. 그러다 보니 '개식용보다 키우다가 버리는 사람이 더 나쁘다.'라는 맥락 없는 주장도 동의를 얻는다. 반려인에 대한 여러 혐오 중 하나다.

생명을 가족으로 받아들일 때 당연히 그 무거움을 진중하게 받아들여야 한다. 하지만 누군가 반려동물을 포기한다면 그 이유가 무엇인지 정확히 알아야 예방할 수 있다. 반려동물을 버리는 사람은 단지 다른 사람에 비해서 책임감 없는 형편없는 악인인가?

"우리 개가 새끼를 낳았는데 한 번 키워 볼래?", "길고양이 새끼를 구조했는데 키워 볼래?"라고 묻는 사람이 사방 천지에 있다. 반려동물 중성화수술과 길고양이 TNR((Trap(포획)-Neuter(중성화)-Return(방사), 길고양이를 포획해서 중성화수술을 시킨 후 같은 자리에 방사하는 길고양이 관리 방법. 길고양이나 거리에서 사는 개의 개체수 조절에 가장 적합한 방법으로 세계적으로 널리 이용되고 있다)에 대한 강제가 미약하고, 적극적인 홍보와 지원도 부족해서 끊임없이 태어나는 생명이 많기 때문이다. 그러다 보니 고민할 사이도 없이 떠넘기듯 생명을 주고받는다. 준비되지 않은 반려인에게 생명을 떠넘기도록 만든 사회는 무죄인가?

또한 규제 없이 덩치가 커져 버린 반려동물 산업은 잉여동물을 끊임없이 양산한다. 강아지공장, 경매장, 펫숍을 제대로 규제하지 못한 채 '사지 말고 입양하세요.'라는 캠페인은 의미가 퇴색된다. 젖도 못 뗀 강아지와 새끼 고양이가 어미에게서 떨어져 강아지 공장에서 경매장을 거쳐 펫숍 쇼윈도에 신상 장난감처럼 수도 없이 진열되고 있다. 충동적으로 생명을 사게 만드는 환경은 사회가 제공하고 있다.

이렇게 덜컥 동물을 입양한 사람들은 여러 문제에 부딪힌다. 생명을 들이기 전에 예습 과정이 없었기 때문이다. 그러다 보니 문제가 생기고, 문제행동을 해도 봐줄 수 있는 귀여운 새끼일 때가 지나면 포기하고 싶어진다. 정부가 관리하지 못하는 사이, 생산 과잉은 반려동물을 포기하는 사람을 양산하는 구조를 만들었다. 이렇게 유기동물이 쏟아져 나온다.

반려동물 소유자의 책임의식 강화, 동물복지법 강화, 완전한 동물등록제, 인구조사 때 정확한 반려동물 개체수 조사, 중성화수술에 대한 인식 변화와 지원, 반려인에 대한 반려동물 교육 지원, 반려동물의 대량생산과 판매에 대한 강력한 규제, 동물의 법적·사회적 지위의 향상, 동물·생명 교육의 확대, 차상위 계층의 반려동물 의료비·돌봄 등에 대한 지원, 개식용 철폐를 통한 잉여동물의 흐름 차단, 유기동물 보호소의 개선 등 유기동물 살처분 문제를 사회구조적 문제로 인식하고 다각도로 대처하는 것이 필요하다. 아직 한국에서는 시행되고 있지 않지만 포기하는 반려동물을 지자체가 인수하는 제도도 비참한 동물을 양산하지 않는 방법 중 하나다.

유기동물 양산이 반려인의 자격 논란에만 머무르지 않아야 한다. 반려인에 대한 교육과 책임 강화도 중요하지만, 어떤 문제든 사회의 평균적인 인식을 느리게 따라오는 사람들도 있다. 그것을 채우고 이끌어 가는 게 사회의 역할이다. 하다못해 지자체에서 유기동물을 입양 보낼 때 중성화수술이 의무가 아닌 곳이 대부분이고, 동물등록제는 내장 칩이 의무가 아니다. 이런 허술한 제도를 만들어 놓고 동물의 삶을 존중하라고 입바른 말을 한들 변화는 오지 않는다. 생명을 존중하는 잘 만들어진 시스템 안에서 개개인이 긍정적인 방향으로 변화하도록 만들어 내야 한다.

애완동물이라는 말 대신 반려동물이라는 말을 쓰자고 제안한 동물학자 콘라트 로렌츠는 "자신의 개를 다른 사람에게 주는 것은 죽이는 것과 같다."고 했다. 반려동물에게 인간과의 우정과 신뢰는 삶의 모든 것이다. 동물을 버리는 것은 그들의 모든 것을 빼앗는 것과 같다.

끝으로 책에 실린 소중한 글을 보내 준 국내 필자들에게 감사의 말을 전한다. 흔쾌히 청탁에 응해 주었다. 모든 생명은 소중하다는 생각을 다시금 일깨워 준 귀한 글이 독자들에게 온전히 가 닿기를 바란다.

책공장더불어의 책

유기견 입양 교과서
보호소에 입소한 유기견은 안락사와 입양이라는 생사의 갈림길 앞에 선다. 이들에게 입양이라는 선물을 주기 위해 활동가, 봉사자, 임보자가 어떻게 교육하고 어떤 노력을 해야 하는지를 차근차근 알려 준다.

버려진 개들의 언덕 (학교도서관저널 추천 도서)
인간에 의해 버려져서 동네 언덕에서 살게 된 개들의 이야기. 새끼를 낳아 키우고, 사람들에게 학대를 당하고, 유기견 추격대에 쫓기면서도 치열하게 살아가는 생명들의 2년간의 관찰기.

임신하면 왜 개, 고양이를 버릴까?
임신, 출산으로 반려동물을 버리는 나라는 한국이 유일하다. 세대 간 문화충돌, 무책임한 언론 등 임신, 육아로 반려동물을 버리는 사회현상에 대한 분석과 안전하게 임신, 육아 기간을 보내는 생활법을 소개한다.

개가 행복해지는 긍정교육
개의 심리와 행동학을 바탕으로 한 긍정교육법으로 50만 부 이상 판매된 반려인의 필독서. 짖기, 물기, 대소변 가리기, 분리불안 등의 문제를 평화롭게 해결한다.

개에게 인간은 친구일까?
인간에 의해 버려지고 착취당하고 고통받는 우리가 몰랐던 개 이야기. 다양한 방법으로 개를 구조하고 보살피는 사람들의 이야기가 그려진다.

노견 만세
퓰리처상을 수상한 글 작가와 사진 작가가 나이 든 개를 위해 만든 사진 에세이. 저마다 생애 최고의 마지막 나날을 보내는 노견들에게 보내는 찬사다.

후쿠시마에 남겨진 동물들 (미래창조과학부 선정 우수과학도서, 환경부 선정 우수환경도서, 환경정의 청소년 환경책)
2011년 3월 11일, 대지진에 이은 원전 폭발로 사람들이 떠난 일본 후쿠시마. 다큐멘터리 사진 작가가 담은 '죽음의 땅'에 남겨진 동물들의 슬픈 기록.

후쿠시마의 고양이 (한국어린이교육문화연구원 으뜸책)
2011년 동일본 대지진 이후 5년. 사람이 사라진 후쿠시마에서 살처분 명령이 내려진 동물을 죽이지 않고 돌보고 있는 사람과 함께 사는 두 고양이의 모습을 담은 평화롭지만 슬픈 사진집.

동물과 이야기하는 여자
SBS 〈TV 동물농장〉에 출연해 화제가 되었던 애니멀 커뮤니케이터 리디아 히비가 20년간 동물들과 나눈 감동의 이야기. 병으로 고통받는 개, 안락사를 원하는 고양이 등과 대화를 통해 문제를 해결한다.

개.똥.승. (세종도서 문학 부문)
어린이집의 교사면서 백구 세 마리와 사는 스님이 지구에서 다른 생명체와 더불어 좋은 삶을 사는 방법, 모든 생명이 똑같이 소중하다는 진리를 유쾌하게 들려준다.

용산 개 방실이 (어린이도서연구회에서 뽑은 어린이·청소년 책, 평화박물관 평화책)
용산에도 반려견을 키우며 일상을 살아가던 이웃이 살고 있었다. 용산 참사로 갑자기 아빠가 떠난 뒤 24일간 음식을 거부하고 스스로 아빠를 따라간 반려견 방실이 이야기.

사람을 돕는 개
(한국어린이교육문화연구원 으뜸책, 학교도서관저널 추천도서)
안내견, 청각장애인 도우미견 등 장애인을 돕는 도우미견과 인명구조견, 흰개미탐지견, 검역견 등 사람과 함께 맡은 역할을 해내는 특수견을 만나본다.

치료견 치로리 (어린이문화진흥회 좋은 어린이책)
비 오는 날 쓰레기장에 버려진 잡종개 치로리. 죽음 직전 구조된 치로리는 치료견이 되어 전신마비 환자를 일으키고, 은둔형 외톨이 소년을 치료하는 등 기적을 일으킨다.

고양이 그림일기
(한국출판문화산업진흥원 이달의 읽을 만한 책)
장군이와 휜둥이, 두 고양이와 그림 그리는 한 인간의 일 년 치 그림일기. 종이 다른 개체가 서로의 삶의 방법을 존중하며 사는 잔잔하고 소소한 이야기.

고양이 임보일기

《고양이 그림일기》의 이새벽 작가가 새끼 고양이 다섯 마리를 구조해서 입양 보내기까지의 시끌벅적한 임보 이야기를 그림으로 그려냈다.

우주식당에서 만나 (한국어린이교육문화연구원 으뜸책)

2010년 볼로냐 어린이도서전에서 올해의 일러스트레이터로 선정되었던 신현아 작가가 반려동물과 함께 사는 이야기를 네 편의 작품으로 묶었다.

고양이는 언제나 고양이였다

고양이를 사랑하는 나라 터키의, 고양이를 사랑하는 글 작가와 그림 작가가 고양이에게 보내는 러브레터. 고양이를 통해 세상을 보는 사람들을 위한 아름다운 고양이 그림책이다.

나비가 없는 세상

(어린이도서연구회에서 뽑은 어린이·청소년 책)

고양이 만화가 김은희 작가가 그려내는 한국 최고의 고양이 만화. 신디, 페르캉, 추새. 개성 강한 세 마리 고양이와 만화가의 달콤쌉싸래한 동거 이야기.

펫로스 반려동물의 죽음 (아마존닷컴 올해의 책)

동물 호스피스 활동가 리타 레이놀즈가 들려주는 반려동물의 죽음과 무지개다리 너머의 이야기. 펫로스(pet loss)란 반려동물을 잃은 반려인의 깊은 슬픔을 말한다.

고양이 천국 (어린이도서연구회에서 뽑은 어린이·청소년 책)

고양이와 이별한 이들을 위한 그림책. 실컷 놀고, 먹고, 자고 싶은 곳에서 잘 수 있는 곳. 그러다가 함께 살던 가족이 그리울 때면 잠시 다녀가는 고양이 천국의 모습을 그려냈다.

강아지 천국

반려견과 이별한 이들을 위한 그림책. 들판을 뛰놀다가 맛있는 것을 먹고 잠들 수 있는 곳에서 행복하게 지내다가 천국의 문 앞에서 사람 가족이 오기를 기다리는 무지개다리 너머 반려견의 이야기.

깃털, 떠난 고양이에게 쓰는 편지

프랑스 작가 클로드 앙스가리가 먼저 떠난 고양이에게 보내는 편지. 한 마리 고양이의 삶과 죽음, 상실과 부재의 고통, 동물의 영혼에 대해서 써 내려간다.

인간과 개, 고양이의 관계심리학

함께 살면 개, 고양이와 반려인은 닮을까? 동물학대는 인간학대로 이어질까? 248가지 심리실험을 통해 알아보는 인간과 동물이 서로에게 미치는 영향에 관한 심리 해설서.

암 전문 수의사는 어떻게 암을 이겼나

암에 걸린 암 수술 전문 수의사가 동물 환자들을 통해 배운 질병과 삶의 기쁨에 관한 이야기가 유쾌하고 따뜻하게 펼쳐진다.

채식하는 사자 리틀타이크

(아침독서 추천도서, 교육방송 EBS 〈지식채널e〉 방영)

육식동물인 사자 리틀타이크는 평생 피 냄새와 고기를 거부하고 채식 사자로 살며 개, 고양이, 양 등과 평화롭게 살았다. 종의 본능을 거부한 채식 사자의 9년간의 아름다운 삶의 기록.

대단한 돼지 에스더

(환경부 선정 우수환경도서, 학교도서관저널 추천도서)

인간과 동물 사이의 사랑이 얼마나 많은 것을 변화시킬 수 있는지 알려 주는 놀라운 이야기. 300킬로그램의 돼지 덕분에 파티를 좋아하던 두 남자가 채식을 하고, 동물보호 활동가가 되는 놀랍고도 행복한 이야기.

동물을 만나고 좋은 사람이 되었다

(한국출판문화산업진흥원 출판 콘텐츠 창작자금지원 선정)

개, 고양이와 살게 되면서 반려인은 동물의 눈으로, 약자의 눈으로 세상을 보는 법을 배운다. 동물을 통해서 알게 된 세상 덕분에 조금 불편해졌지만 더 좋은 사람이 되어 가는 개·고양이에 포섭된 인간의 성장기.

동물을 위해 책을 읽습니다

(한국출판문화산업진흥원 출판 콘텐츠 창작자금지원 선정)

우리는 동물이 인간을 위해 사용되기 위해서만 존재하는 것처럼 살고 있다. 우리는 우리가 사랑하고, 입고, 먹고, 즐기는 동물과 어떤 관계를 맺어야 할까? 100여 편의 책 속에서 길을 찾는다.

우리 아이가 아파요! 개·고양이 필수 건강 백과

새로운 예방접종 스케줄부터 우리나라 사정에 맞는 나이대별 흔한 질병의 증상·예방·치료·관리법, 나이 든 개, 고양이 돌보기까지 반려동물을 건강하게 키울 수 있는 필수 건강백서.

고양이 질병에 관한 모든 것

40년간 3번의 개정판을 낸 고양이 질병 책의 바이블로 고양이가 건강할 때, 이상 증상을 보일 때, 아플 때 등 모든 순간에 곁에 두고 봐야 할 책이다. 질병의 예방과 관리, 증상과 징후, 치료법에 대한 모든 해답을 완벽하게 찾을 수 있다.

개, 고양이 사료의 진실

미국에서 스테디셀러를 기록하고 있는 책으로 반려동물 사료에 대한 알려지지 않은 진실을 폭로한다. 2007년도 멜라민 사료 파동 취재까지 포함된 최신판이다.

개 피부병의 모든 것

홀리스틱 수의사인 저자는 상업사료의 열악한 영양과 과도한 약물사용을 피부병 증가의 원인으로 꼽는다. 제대로 된 피부병 예방법과 치료법을 제시한다.

개·고양이 자연주의 육아백과

세계적인 홀리스틱 수의사 피케른의 개와 고양이를 위한 자연주의 육아백과. 40만 부 이상 팔린 베스트셀러로 반려인, 수의사의 필독서. 최상의 식단, 올바른 생활습관, 암, 신장염, 피부병 등 각종 병에 대한 대처법도 자세히 수록되어 있다.

사향고양이의 눈물을 마시다

(한국출판문화산업진흥원 우수출판 콘텐츠 제작지원 선정, 환경부 선정 우수환경도서, 학교도서관저널 추천도서, 국립중앙도서관 사서가 추천하는 휴가철에 읽기 좋은 책, 환경정의 올해의 환경책)

내가 마신 커피 때문에 인도네시아 사향고양이가 고통받는다고? 내 선택이 세계 동물에게 미치는 영향, 동물을 죽이는 것이 아니라 살리는 선택에 대해 알아본다.

묻다 (환경부 선정 우수환경도서, 환경정의 올해의 환경책)

구제역, 조류독감으로 거의 매년 동물의 살처분이 이뤄진다. 저자는 4,800곳의 매몰지 중 100여 곳을 수년에 걸쳐 찾아다니며 기록한 유일한 사람이다. 그가 우리에게 묻는다. 우리는 동물을 죽일 권한이 있는가.

동물원 동물은 행복할까?

(환경부 선정 우수환경도서, 학교도서관저널 추천도서)

동물원 북극곰은 야생에서 필요한 공간보다 100만 배, 코끼리는 1,000배 작은 공간에 갇혀 살고 있다. 야생동물보호운동 활동가인 저자가 기록한 동물원에 갇힌 야생동물의 참혹한 삶.

고등학생의 국내 동물원 평가 보고서

(환경부 선정 우수환경도서)

인간이 만든 '도시의 야생동물 서식지' 동물원에서는 무슨 일이 일어나고 있나? 국내 9개 주요 동물원이 종보전, 동물복지 등 현대 동물원의 역할을 제대로 하고 있는지 평가했다.

동물 쇼의 웃음 쇼 동물의 눈물

(한국출판문화산업진흥원 청소년 권장도서, 한국출판문화산업진흥원 청소년 북토큰 도서)

동물 서커스와 전시, TV와 영화 속 동물 연기자, 투우, 투견, 경마 등 동물을 이용해서 돈을 버는 오락산업 속 고통받는 동물들의 숨겨진 진실을 밝힌다.

야생동물병원 24시

(어린이도서연구회에서 뽑은 어린이·청소년 책, 한국출판문화산업진흥원 청소년 북토큰 도서)

로드킬 당한 삵, 밀렵꾼의 총에 맞은 독수리, 건강을 되찾아 자연으로 돌아가는 너구리 등 대한민국 야생동물이 사람과 부대끼며 살아가는 슬프고도 아름다운 이야기.

똥으로 종이를 만드는 코끼리 아저씨

(환경부 선정 우수환경도서, 한국출판문화산업진흥원 청소년 권장도서, 서울시교육청 어린이도서관 여름방학 권장도서, 한국출판문화산업진흥원 청소년 북토큰 도서)

코끼리 똥으로 만든 재생종이 책. 코끼리 똥으로 종이와 책을 만들면서 사람과 코끼리가 평화롭게 살게 된 이야기를 코끼리 똥 종이에 그려냈다.

고통받은 동물들의 평생 안식처 동물보호구역

(환경부 선정 우수환경도서, 환경정의 올해의 어린이 환경책, 한국어린이교육문화연구원 으뜸책)

고통받다가 구조되었지만 오갈 데 없었던 야생동물의 평생 보금자리. 저자와 함께 전 세계 동물보호구역을 다니면서 행복하게 살고 있는 동물을 만난다.

동물학대의 사회학

(학교도서관저널 올해의 책)

동물학대와 인간폭력 사이의 관계를 설명한다. 페미니즘 이론 등 여러 이론적 관점을 소개하면서 앞으로 동물학대 연구가 나아갈 방향을 제시한다.

동물주의 선언

(환경부 선정 우수환경도서)

현재 가장 영향력 있는 정치철학자가 쓴 인간과 동물이 공존하는 사회로 가기 위한 철학적·실천적 지침서.

인간과 동물, 유대와 배신의 탄생

(환경부 선정 우수환경도서, 환경정의 선정 올해의 환경책)

미국 최대의 동물보호단체 휴메인소사이어티 대표가 쓴 21세기 동물해방의 새로운 지침서. 농장동물, 산업화된 반려동물 산업, 실험동물, 야생동물 복원에 대한 허위 등 현대의 모든 동물학대에 대해 다루고 있다.

동물들의 인간 심판

(대한출판문화협회 올해의 청소년 교양도서, 세종도서 교양 부문, 환경정의 청소년 환경책, 아침독서 청소년 추천도서, 학교도서관저널 추천도서)

동물을 학대하고, 학살하는 범죄를 저지른 인간이 동물 법정에 선다. 고양이, 돼지, 소 등은 인간의 범죄를 증언하고 개는 인간을 변호한다. 이 기묘한 재판의 결과는?

물범 사냥

(노르웨이국제문학협회 번역 지원 선정)

북극해로 떠나는 물범 사냥 어선에 감독관으로 승선한 마리는 낯선 남자들과 6주를 보내야 한다. 남성과 여성, 인간과 동물, 세상이 평등하다고 믿는 사람들에게 펼쳐 보이는 세상.

동물은 전쟁에 어떻게 사용되나?

전쟁은 인간만의 고통일까? 자살폭탄 테러범이 된 개 등 고대부터 현대 최첨단 무기까지, 우리가 몰랐던 동물 착취의 역사.

햄스터

햄스터를 사랑한 수의사가 쓴 햄스터 행복·건강 교과서. 습성, 건강관리, 건강식단 등 햄스터 돌보기 완벽 가이드.

토끼

토끼를 건강하고 행복하게 오래 키울 수 있도록 돕는 육아 지침서. 습성·식단·행동·감정·놀이·질병 등 모든 것을 담았다.

우리가 버린 개, 고양이는 어디로 가는가?

유기동물에 관한 슬픈 보고서

초 판 1쇄 2009년 9월 21일
초 판 6쇄 2016년 6월 5일
개정판 1쇄 2019년 12월 10일
개정판 2쇄 2021년 4월 24일

글쓴이 고다마 사에
옮긴이 박소영

펴낸이 김보경
펴낸곳 책공장더불어

편집 김보경
교정 김수미

디자인 나디하 스튜디오(khj9490@naver.com)
인쇄 정원문화인쇄

책공장더불어
주소 서울시 종로구 혜화동 5-23
대표전화 (02)766-8406
팩스 (02)766-8407
이메일 animalbook@naver.com
홈페이지 http://blog.naver.com/animalbook

ISBN 978-89-97137-39-8 (03300)

* 잘못된 책은 바꾸어 드립니다.
* 값은 뒤표지에 있습니다.